Impressum
Verlag: BABADADA GmbH, Nedderfeld 112 , 22529 Hamburg
Geschäftsführer / Verlagsleitung: Harald Hof
Druck: Books on Demand GmbH, In de Tarpen 42, 22848 Norderstedt

Imprint
Publisher: BABADADA GmbH, Nedderfeld 112 , 22529 Hamburg, Germany
Managing Director / Publishing direction: Harald Hof
Print: Books on Demand GmbH, In de Tarpen 42, 22848 Norderstedt

escola
duɗal

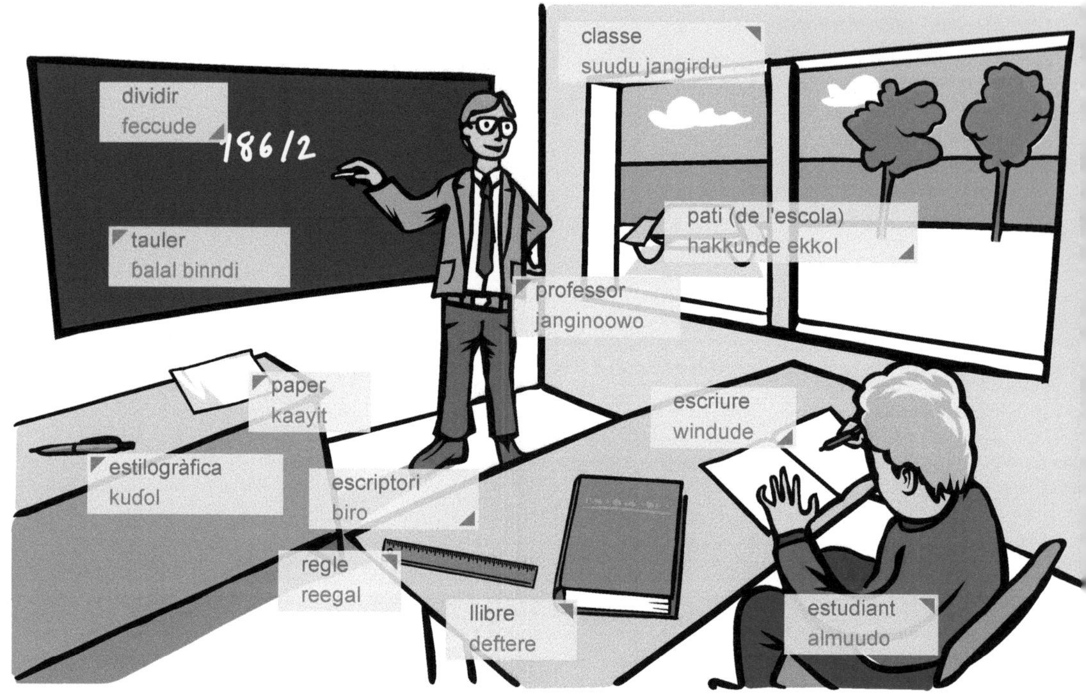

classe
suudu jangirdu
dividir
feccude
186/2
tauler
ɓalal binndi
pati (de l'escola)
hakkunde ekkol
professor
janginoowo
paper
kaayit
escriure
windude
estilogràfica
kuɗol
escriptori
biro
regle
reegal
llibre
deftere
estudiant
almuudo

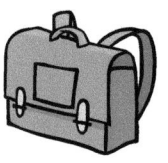

bossa

kartaabal

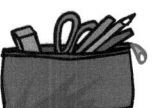

estoig

moftirdo kereyonji

llapis

kereyo

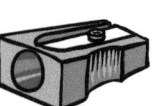

maquineta de fer punta

ceeɓnirgel kereyon

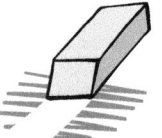

goma

momtirgel

bloc de dibuix

alluwal ciifirgal

dibuix

ciifgol

pinzell

limsere pentirteeɗo

capsa de pintures

suwo pentirɗo

tisores

sisooji

cola

ɗakkorgal

quadern d'exercicis

deftere ekkorgal

deures

golle janŋde

nombre

niimara

afegir

ɓeydude

sostreure

ustude

multiplicar

ɓeydude keeweendi

calcular

qimaade

lletra

bataake

alfabet

karfeeje

mot

kongol

text
bindol

llegir
jangude

guix
bindirgal

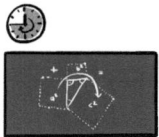

lliçó
darsu

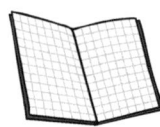

llibre de classe
winditaade

examen
egsame

certificat
sartifika

uniforme escolar
comcol duɗal

formació
janŋde

enciclopèdia
ansikolopedi

universitat
duɗal jaaɓi haɗtirde

microscopi
mikoroskop

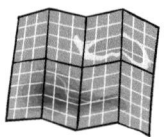

mapa
kartal

paperera
suwo kurjut

hotel
otel

alberg
obers

ROOMS

oficina de canvi
nokku beccugol e neldugol

ECHANGE

maleta
waxannde

automòbil
oto

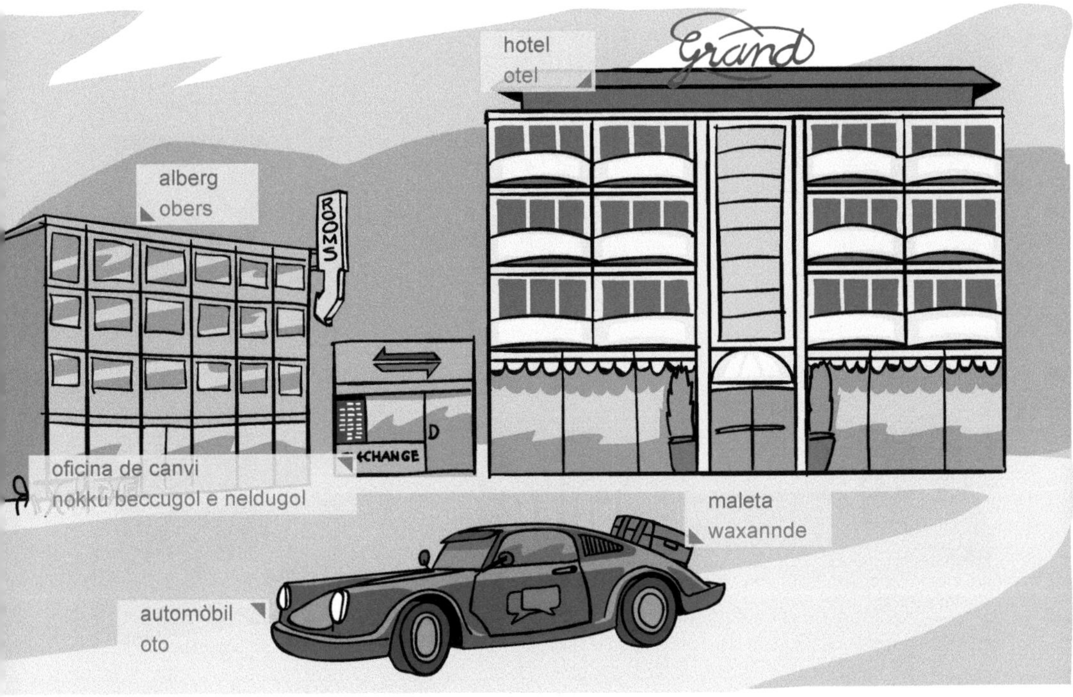

llengua

ɗemngal

sí / no

Eey / ala

D'acord

Moƴƴi

Ey!

mbaɗɗa

traductora

pirtoowo

gràcies

A jaraama

Quant costa... ?

no foti...?

No entenc

Mi faamaani

problema

hanmi

Bona nit!

Jam hiri!

bon dia!

Jam waali!

bona nit!

Mbaalen e jam!

fins aviat

ñande woɗnde

direcció

laawol

bagatge

bagaas

bossa

saawdu

sarrona

saawdu wambateendu

convidat

koɗo

cambra

suudu

sac de dormir

njegenaaw

tenda

caalel ladde

oficina de turisme

kabaruuji tuurist

platja

tufnde

carta de crèdit

kartal banke

esmorzar

kacitaari

dinar

bottaari

sopar

hiraande

bitllet

biye

ascensor

suutde

segell

tampon

frontera

keerol

duana

duwaan

ambaixada

ambasad

visat

wiisa

passaport

paaspoor

transport
taraspoor

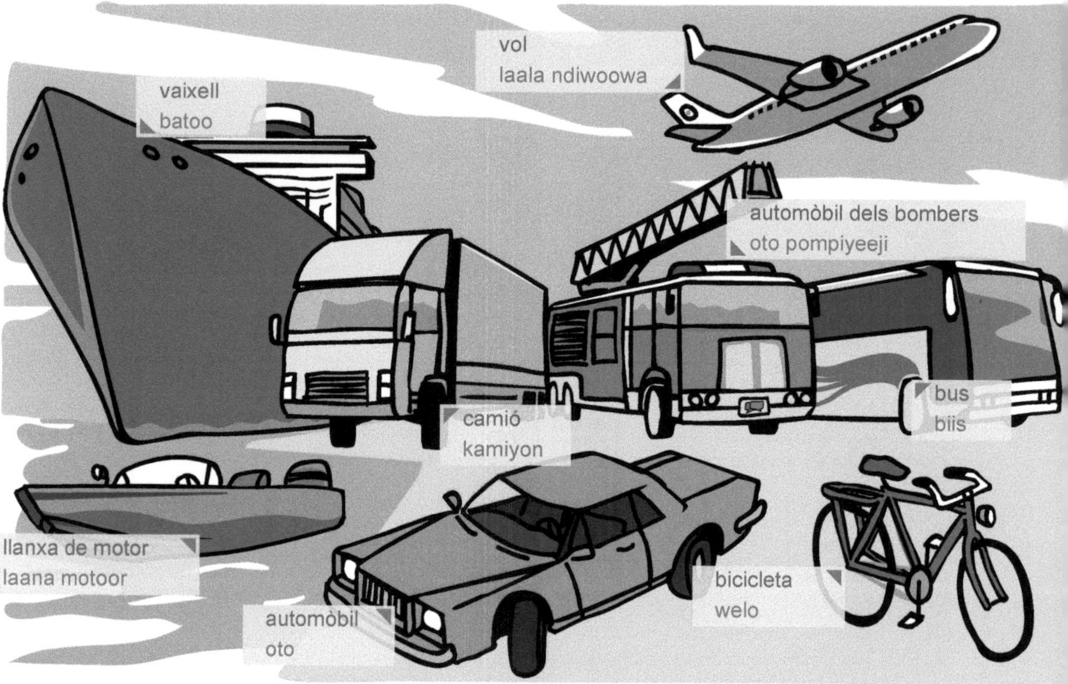
vol
laala ndiwoowa
vaixell
batoo
automòbil dels bombers
oto pompiyeeji
bus
biis
camió
kamiyon
llanxa de motor
laana motoor
bicicleta
welo
automòbil
oto

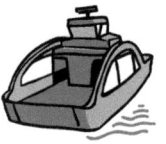

transbordador

batoo

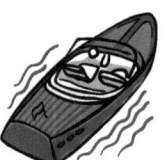

barca

laana

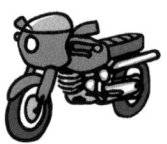

moto

welo

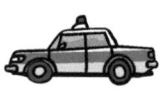

automòbil de policia

oto polis

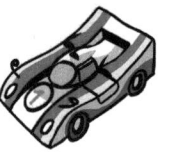

automòbil de curses

oto dogirteeɗo

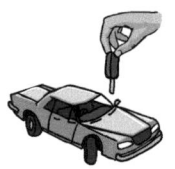

automòbil de lloguer

oto luwateeɗo

vehicle compartit

dendugol oto

grua

oto dandoowo goɗɗo

camió de les escombraries

oto kurjut

motor

motoor

benzina

karbiran

benzineria

nokku esaans

senyal de trànsit

tintinooje yaangarta

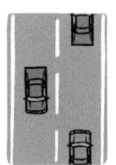

trànsit

yaa ngarta

embús

jiiɓo yaa ngarta

aparcament

dingiral otooji

estació de trens

dingiral laana leydi

vies

laaɓi

tren

laana leydi

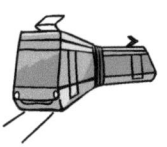

tramvia

laana ndegoowa

vagó

saret

helicòpter

elikopteer

aeroport

ayrepoor

torre

tuur

passatger

wonɓe e laana

contenidor

konteneer

capsa de cartó

karton

carretó

duñirgel kaake

cistella

basket

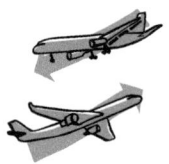

enlairar-se / aterrar

diwde / juuraade

ciutat

wuro mowngu

poble

wuro

centre de la ciutat

hakkunde wuru wowngo

casa

galle

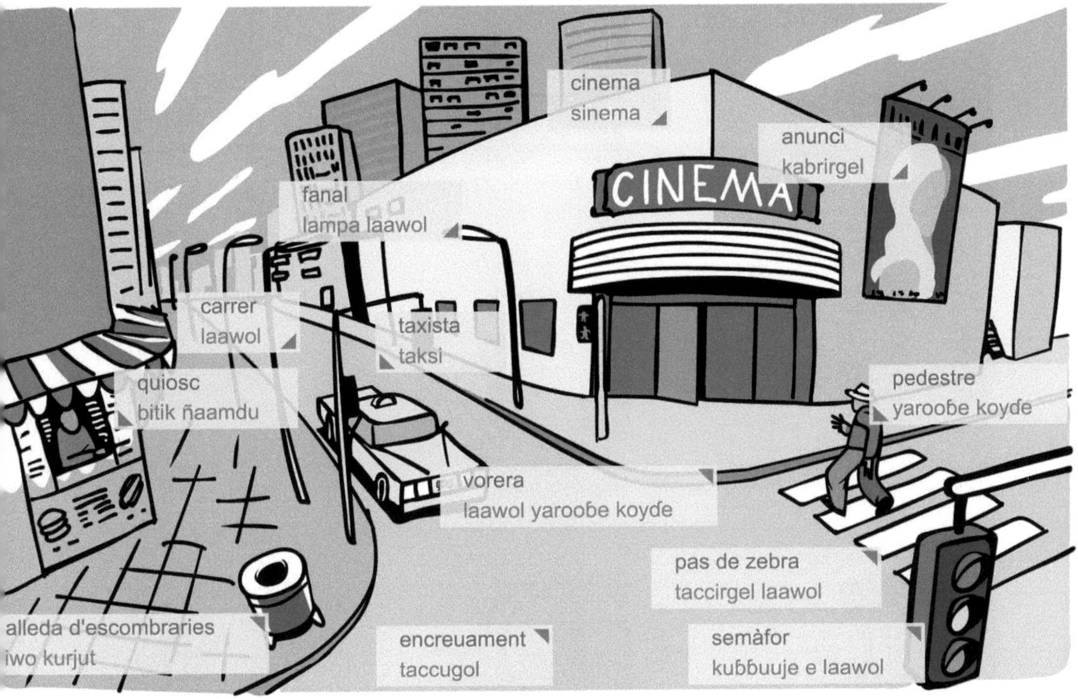

cinema
sinema
CINEMA
anunci
kabrirgel
fanal
lampa laawol
carrer
laawol
taxista
taksi
quiosc
bitik ñaamdu
pedestre
yarooɓe koyɗe
vorera
laawol yarooɓe koyɗe
pas de zebra
taccirgel laawol
alleda d'escombraries
iwo kurjut
encreuament
taccugol
semàfor
kuɓɓuuje e laawol

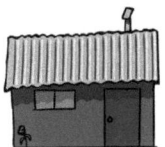

cabana

tiba

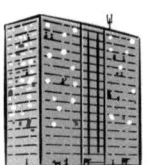

apartament

ko foti

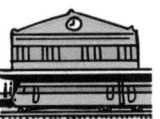

estació de trens

dingiral laana leydi

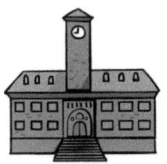

casa de la vila-ciutat

meeri

MUSEUM

museu

miise

escola

duɗal

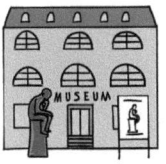

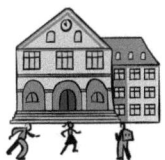

universitat

duɗal jaaɓi haɗtirde

banca

banke

hospital

suudu safirdu

hotel

otel

farmàcia

farmasi

oficina

gollirgal

llibreria

suudu defte

botiga

bitik

floristeria

jeyoowo fuloraaji

supermercat

sipermarse

mercat

jeere

gran magatzem

madase mawɗo

peixateria

jeyoowo liɗɗi

centre comercial

nokku coodateeɗo

port

poor

parc
park

banc
jooɗorgal

pont
taccirgal

escala
ŋabbirɗe

metro
laawol metero

túnel
laawul les leydi

parada d'autobús
fongo biis

bar
baar

restaurant
restora

bústia de correu
buwaat postaal

senyal indicador
lewñowel laawol

parquímetre
to otooji ndaroto

zoo
nokku kullon

piscina
pisin

mesquita
jama

granja
ngesa

pol·lució
gakkingol hendu

cementiri
bammule

església
egiliis

parc infantil
dingiral

temple
tampl

paisatge
yiyande taariinde

fulla
baramlefol

cartell indicador
tugayal tintinirgal

camí
laawol

prat
Huɗo sukkuko

pedra
haayre

excursionista
ŋayloowo

arbre
lekki

riu
maayo

gespa
huɗo

flor
fuloor

vall
....
nokku kaañe mawɗe to
ndiyam dogata

muntanya
....
waande

llac
....
weedu

bosc
....
ladde

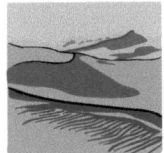

desert
....
ladde yoornde

volcà
....
wolkan

castell
....
satoo

arc de Sant Martí
....
timtimol

bolet
....
sampiñon

palmera
....
leki palm

moscard
....
ɓowngu

mosca
....
diwde

formiga
....
njabala

abella
....
mbuubu ñaak

aranya
....
njabala

escarabat

hoowoyre keppoore

granota

faabru

esquirol

doomburu ladde

eriçó

sammunde

llebre

fowru

òliba

pubbuɓal

ocell

colel

cigne

kakeleewal ladde

senglar

mbabba tugal

cervo

lella

ant

Nagge nde galladi cate

presa

baraas

turbina

masiŋel battowel hendu
jeynge

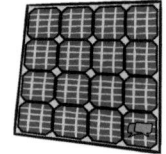

panell solar

Lowowel nguleeki

clima

kilima

restaurant
restora

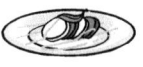

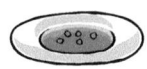

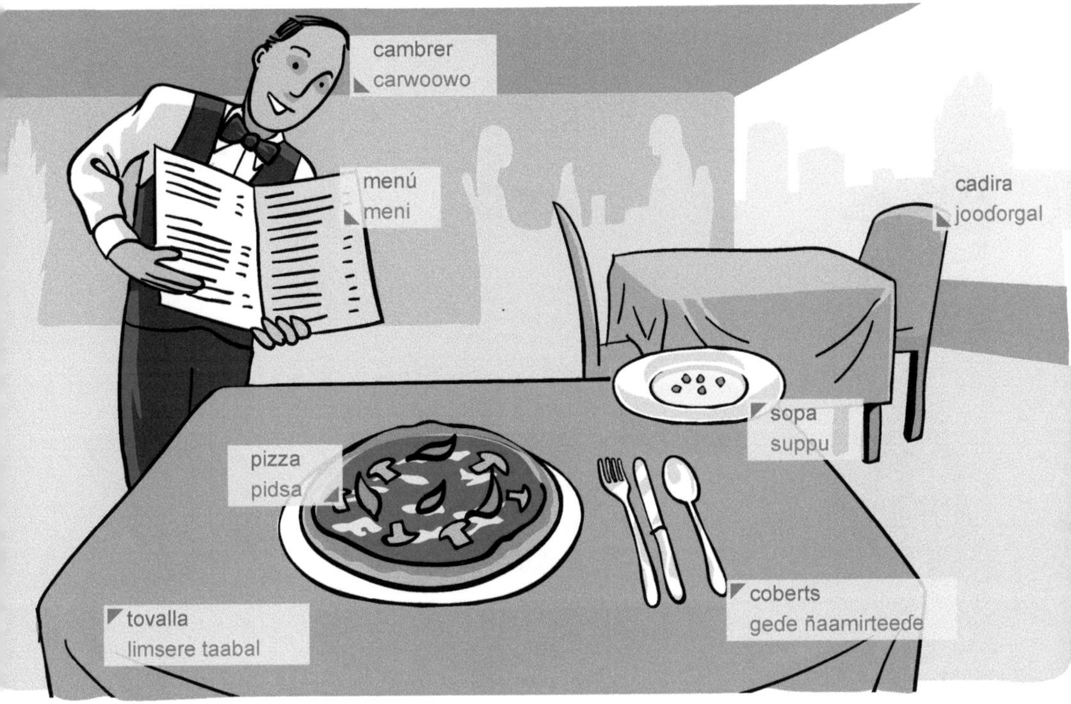
cambrer
carwoowo
menú
meni
cadira
jooɗorgal
sopa
suppu
pizza
pidsa
coberts
geɗe ñaamirteeɗe
tovalla
limsere taabal

primer plat
tongitirgel

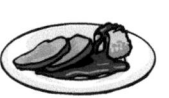

plat principal
ñaamdu nguraandi

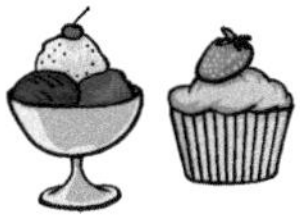

darreries
tuftorogol

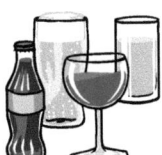

begudes
njaram

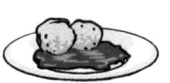

menjar
ñaamdu

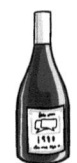

ampolla
butel

menjar ràpid

fast fud

menjar de carrer

ñaamdu laawol

tetera

baraade

sucrer

cupayel suukara

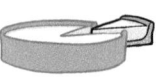

porció

geɗel

màquina d'espresso

Masinŋ kafe

trona

jooɗorgal toowngal

factura

biye

plata

ñorgo

ganivet

paaka

forqueta

furset

cullera

kuddu

cullereta

nokkere kuddu

tovalló

sarbet

got

weer

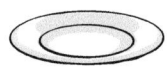

plat
palaat

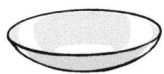

plat de sopa
palaat suppu

plateret
cupayel

salsa
soos

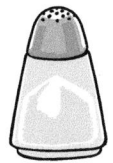

saler
pot lamđam

molinet de pebre
moññirgal poobar

vinagre
bineegara

oli
nebam

espècies
kaađnooje

quètxup
ketsap

mostassa
muttard

maionesa
mayonees

supermercat
sipermarse

oferta especial
ngustugul coggu
FOR
client
kiliyaan
productes lactis
kosameeje
fruites
ɓikkon leɗɗe
carret de la compra
daasirgel

BUTCHERS

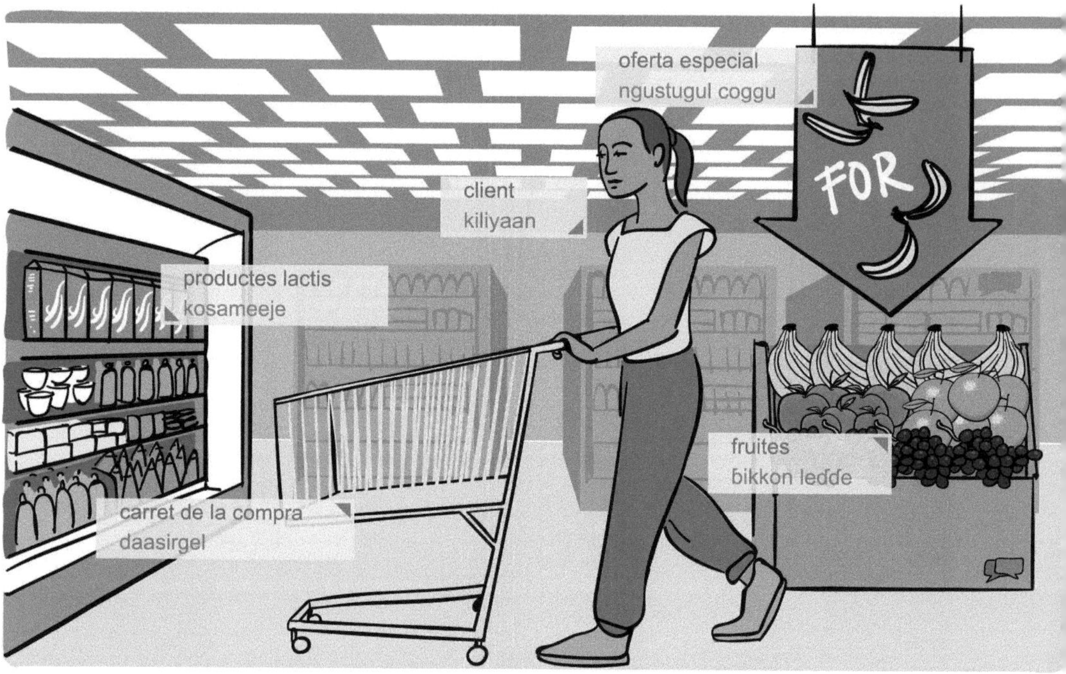

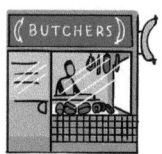

carnisseria

jeyoowo teew nagge

BAKERY

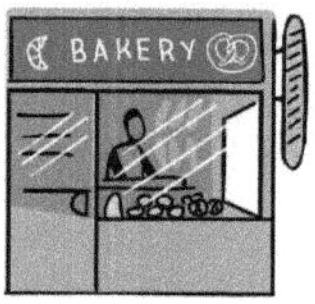

forn de pa

juɗoowo mburu

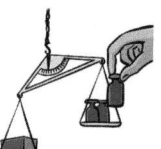

pesar

ɓetde

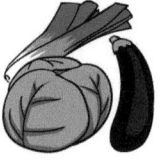

verdures

lijim

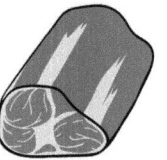

carn

teew

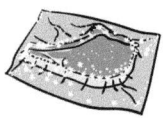

menjar congelat

ñaamdu ɓumnaandu

carn freda

teew moftaaɗo

conserves

ñaamdu nder buwat

detergent en pols

condi lawyîrteendu

dolços

bonboonji

articles domèstics

geɗe ngurdaaɗe

productes de neteja

porodiwiiji laaɓnirni

venedora

julaaajo

caixa registradora

haa

caixera

kestotooɗo

llista de la compra

limto coodateeɗi

horari d'obertura

waktuuji golle

portamonedes

kalbe

carta de crèdit

kartal banke

bossa

saak

bossa de plàstic

saak dalli

aigua

ndiyam

suc

njaram

llet

kosam

coca-cola

yulmere

vi

sangara

cervesa

sangara

alcohol

sangara

cacau

kakao

te

ataaya

cafè

kafe

espresso

kafe jon jooni

cappuccino

kafe italinaaɓe

banana

banaana

poma

pom

taronja

oraas

síndria

dende

llimona

limonŋ

pastanaga

karot

all

laay

bambú

lekki bambu

ceba

basalle

bolet

sampiñon

avellanes

gerte

fideus

espageti

espaguetis

espageti

arròs

maaro

amanida

salaat

patates fregides

firit

patates fregides

faatat cahaaɗo

pizza

pidsa

hamburguesa

amburgeer

entrepà

sandiwis

escalopa

buhal baddangal e lijim

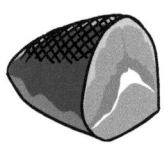

cuixot

buhal teew

salami

kaane biyeteeɗo sosison

salsitxa

sosis

pollastre

gertogal

rostit

defaɗum

peix

liingu

flocs de civada

ndefu gabbe kuwakeer

musli

njilɓundi aɓuwaan e gabbe goɗɗe

cereals

kornfelek

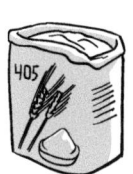

farina

farin

croissant

kurwasa

panet

pe o le

pa

mburu

torrada

mburu juɗaaɗo

bescuits

mbiskit

mantega

nebam boor

mató

kosam kaaɗɗam

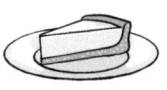

pastís

gato

ou

ɓoccoonde

ou fregit

moccoonde fasnaande

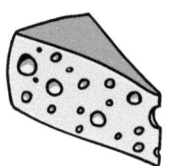

formatge

foromaas

gelat

kerem galaas

sucre

suukara

mel

njuumri

melmelada

teew nagge

crema de xocolata

nirkugol sokkola

curri

suppu kaane

menjar - ñaamdu

granja
ngesa

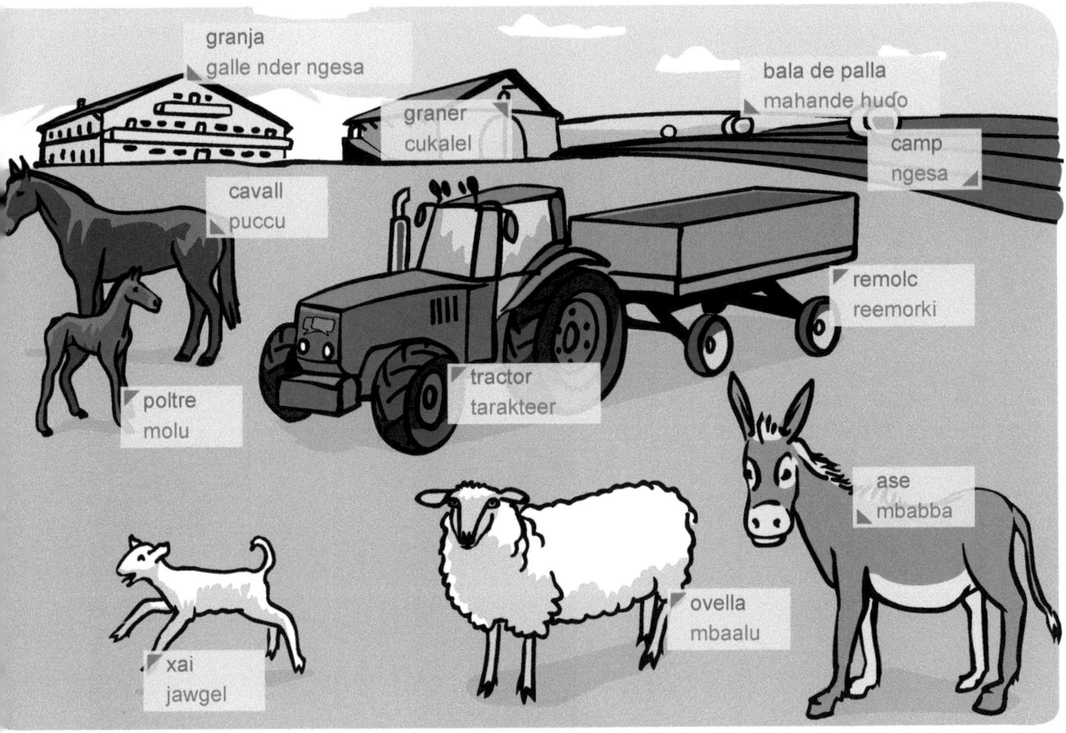

granja
galle nder ngesa
graner
cukalel
bala de palla
mahande huɗo
camp
ngesa
cavall
puccu
remolc
reemorki
tractor
tarakteer
poltre
molu
ase
mbabba
ovella
mbaalu
xai
jawgel

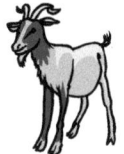

cabra
ndamdi

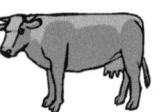

vaca
nagge

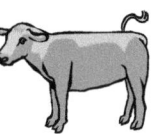

vedella
mbeewa

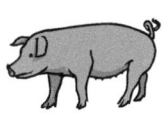

porc
mbabba tugal

garrí
ɓingel mbabba tugal

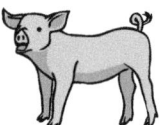

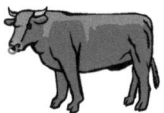

bou
ngaari ladde

oca
jarlal ladde

ànec
gerlal

poll
cofel

gall
jarlal

gallina
ngori

rata
doomburu

gat
ullundu

ratolí
doomburu

bou
nagge

gos
rawaandu

gossera
nokku dawaaɗi

mànega de regar
tiwo sardin

regadora
doosirgal

dalla
wofdu mawndu

arada
masinŋ demoowo

falç

wofdu

aixada

coppirgal

forca

rato

destral

hakkunde

carretó

buruwet

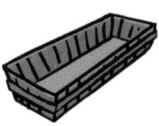

abeurador

mbalka

lletera

kosam buwat

sac

saak

tanca

kalasal galle

establa

nokku pucci

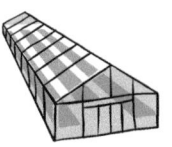

hivernacle

inexistant

sòl

leydi

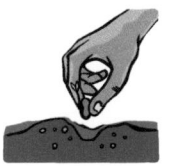

llavor

abbere

adob

nguurtinooje leydi

collidora

masinŋ coñirteeɗo

collir

soñde

collita

soñde

nyam

ñambi

blat

bele

soja

soja

patata

faatat

blat de moro o d'indi

maka

colza

abbere lekki kolsa

arbre fruiter

lekki firwiiji

mandioca

ñambi

cereals

sereyaal

casa
galle

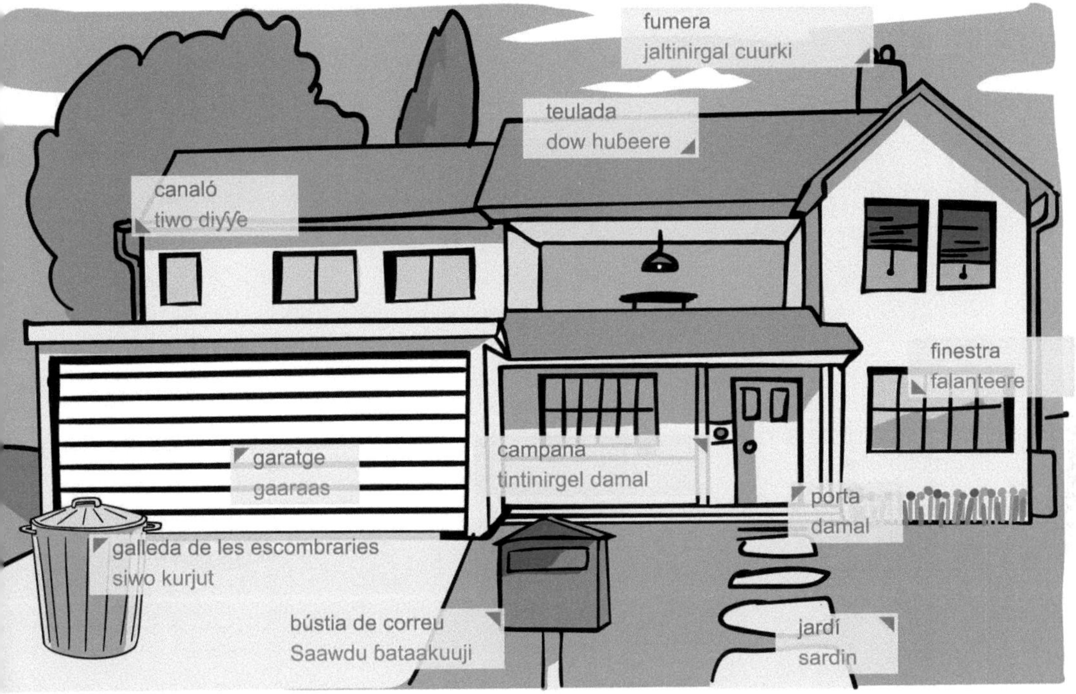
fumera
jaltinirgal cuurki
teulada
dow huɓeere
canaló
tiwo diyƴe
finestra
falanteere
garatge
gaaraas
campana
tintinirgel damal
porta
damal
galleda de les escombraries
siwo kurjut
bústia de correu
Saawdu ɓataakuuji
jardí
sardin

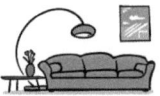

sala d'estar

suudu yeewtere

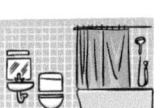

bany

tarodde

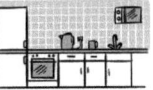

cuina

waañ

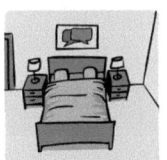

cambra de dormir

suudu waalduru

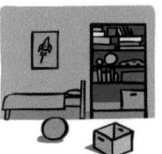

cambra de nen

suudu sakaaɓe

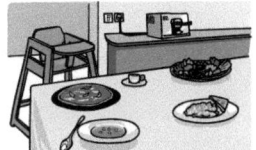

menjador

suudu hiraande

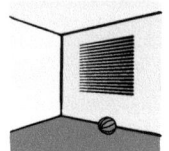

sòl
karawal

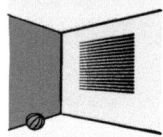

paret
ɓalal

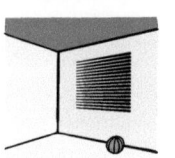

sostre
asamaan suudu

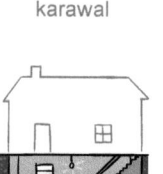

soterrani
faawru

sauna
soona e ɗemngal farase

balcó
balko

terrassa
teeraas

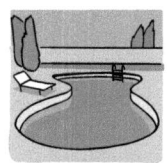

piscina
pisin

tallagespa
keefoowo huɗo

vànova
darap

cobrellit
darap

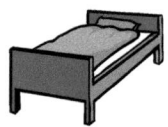

llit
leeso

escombra
pittirgal

galleda
suwo

interruptor
ñifirgel

sala d'estar

suudu yeewtere

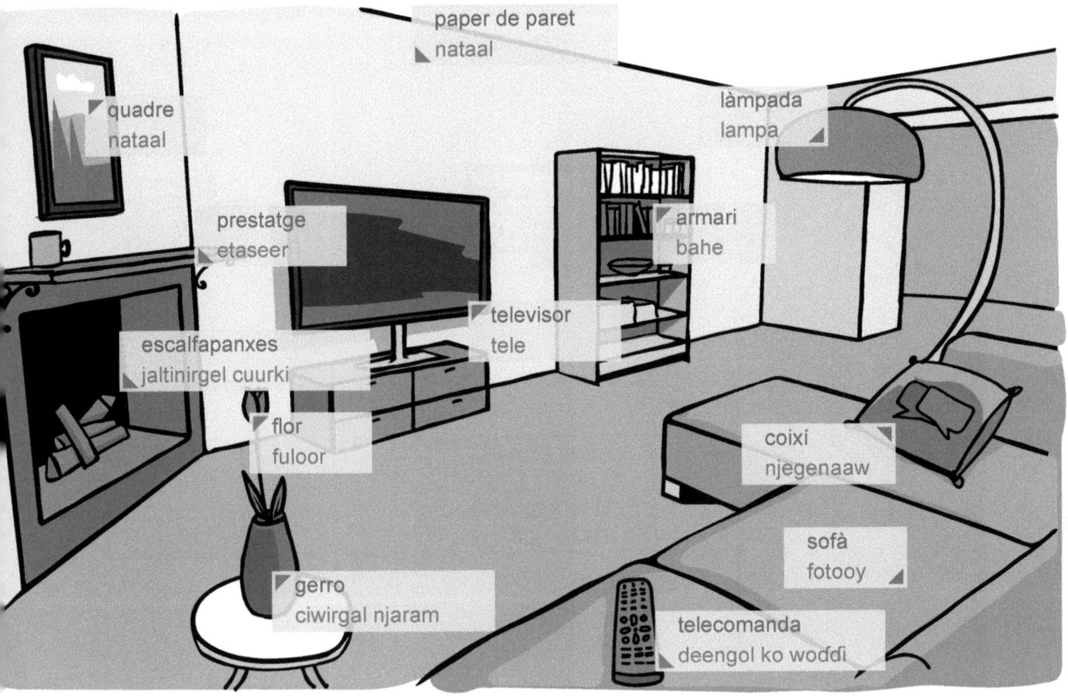
paper de paret
nataal
quadre
nataal
làmpada
lampa
prestatge
etaseer
armari
bahe
televisor
tele
escalfapanxes
jaltinirgel cuurki
flor
fuloor
coixí
njegenaaw
sofà
fotooy
gerro
ciwirgal njaram
telecomanda
deengol ko woɗɗi

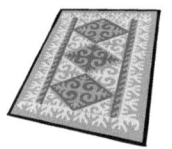

catifa

tappi

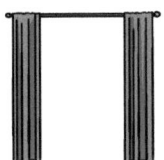

cortina

rido

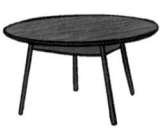

taula

taabal

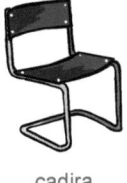

cadira

jooɗorgal

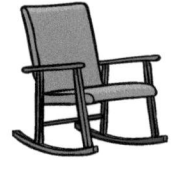

cadira gronxadora

jooɗorgal timmungal

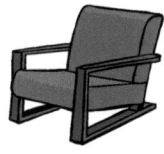

cadiral

jooɗorgal tuggateengal

llibre

deftere

llençol

cuddirgal

decoració

jooɗnugol

llenya

leɗɗe kubɓateeɗe

film

filmo

cadena de música

materiyel hi-fi

clau

coktirgal

diari

kaayit kabaruuji

pintura

pentirgol

cartell

posteer

ràdio

rajo

bloc de notes

teskorgel

aspiradora

boɗowel pusiyeer

cactus

kaktis

candela

sondel

cuina
waañ

refrigerador
buubnirgal
microones
fuur kuura
balança de cuina
peesirgal waañ
torradora
cahirteengel
detergent per a plats
laawyirgel
forn
fuur
congelador
konselateer
galleda de les escombraries
siwo kurjut
rentaplats
lawyirgel kaake

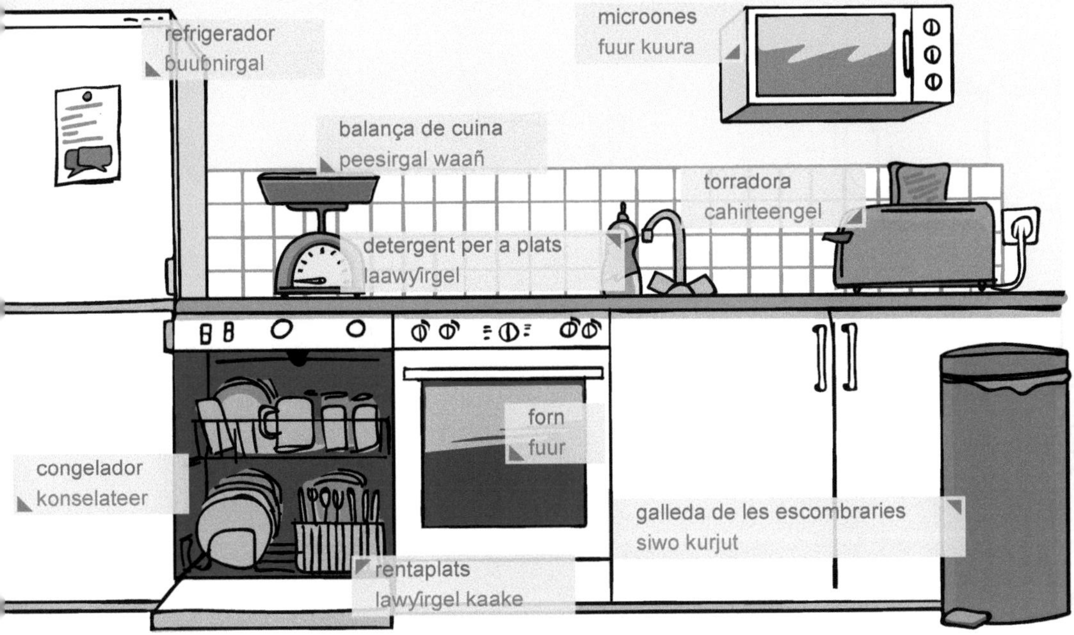

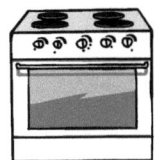

cuina de fogons

fuurno

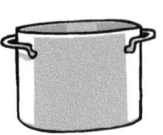

olla

pot

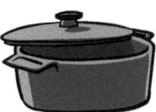

olla de ferro colat

barme

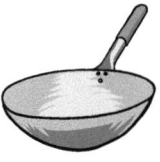

wok / karahi

kasorol

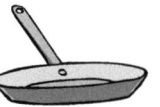

paella

kasorol

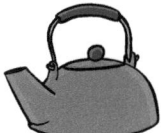

bullidor

satalla

olla de vapor

suppere defirteende

plata de forn

pool defirteeɗo

vaixella

lawyũgol kaake

tassa grossa

pot jarduɗo

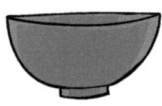

bol

suppeere

bastonets xinesos

ñibirgon ñaamdu

culler

kuddu luus

espàtula

kayit ɗakirteeɗo

batedor

iirtude

colador

ceɗirgel

sedàs

tame

ratllador

keefirgel

morter

moññirgal

barbacoa

juɗgol

foc a terra

jeyngol e henndu

taula de tallar

coppirgal

corró

degnirgel ñaamdu
feewnateendu

llevataps

udditirgel butel

pot de conserva

buwaat

obridor

udditirgel buwat

agafador

nangirgel pot

aigüera

siimtude

raspall

boros

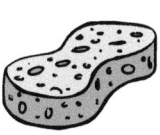

esponja

eppoos

batedora

jiibirgel

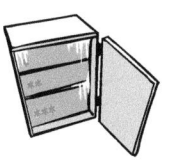

congelador

battowel galaas

biberó

jardugel tiggu

aixeta

robine

bany
tarodde

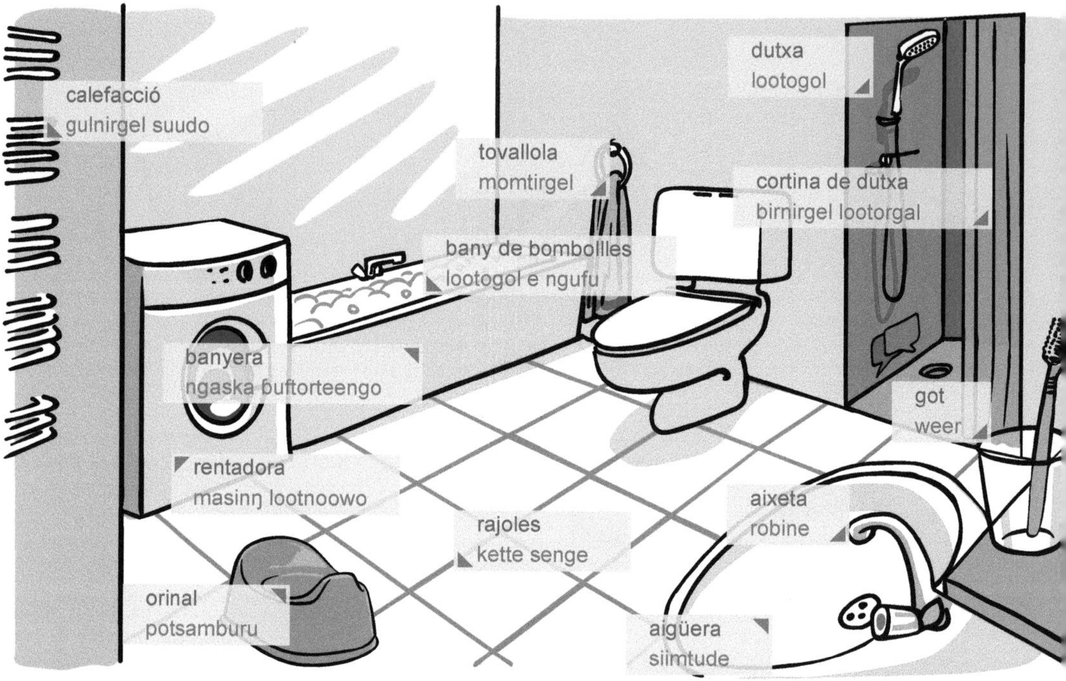

calefacció
gulnirgel suudo
dutxa
lootogol
tovallola
momtirgel
cortina de dutxa
birnirgel lootorgal
bany de bombollles
lootogol e ngufu
banyera
ngaska ɓuftorteengo
got
weer
rentadora
masinŋ lootnoowo
aixeta
robine
rajoles
kette senge
orinal
potsamburu
aigüera
siimtude

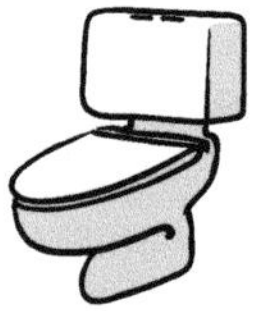

lavabo

taarorde

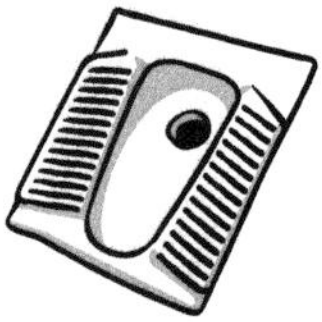

lavabo turc

joɗorgal kuwirteengal

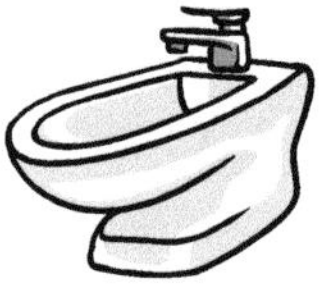

bidet

biisirgel ndiyam

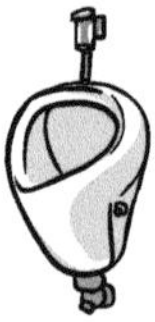

orinador

taarodde

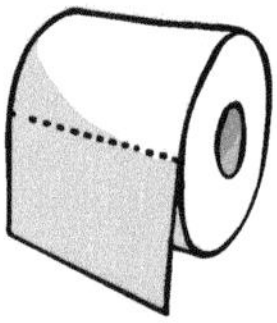

paper higiènic

kaayit momtirɗo

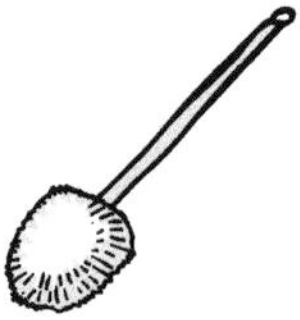

escombreta de sanitari

boros taarorde

raspall de dents

coccorgal ỹiye

pasta de dents

sabunde ỹiye

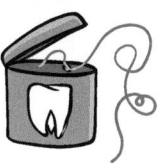

fil dental

gaarowol ñiire

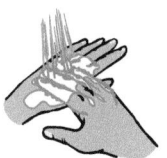

rentar

lawỹude

pom de dutxa

boggol lootirteengol

dutxa íntima

ɓuftogol

rentamans

loowirteengel

raspall per a l'esquena

demirgel huɗo

sabó

sabunnde

gel de dutxa

saabunde ɓuftorteende

xampú

sampoye

manyopla de bany

limsere wiro

bonera

ciiygol

crema

kerem

desodorant

uurnirgel

mirall

daandorgal

mirall-espill de mà

daandorgal pamoral

maquineta de rasar

pembirgel

espuma de barbejar

ngufu pembol

loció post-rasada

moomiteengel pembol

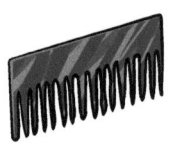

pinta

yeesoode

raspall

boros

eixugador

joornirgel sukunndu

laca

peewnirgel sukunndu

maquillatge

makiyaas

pintallavis

jooɗirgel toni

esmalt d'ungles

momtirgel cegeneeji

cotó

garowol wiro

tallaungles

siso cegeneeji

perfum

parfon

estoig de bellesa

waxande lootorgal

tamboret

kuudi

bàscula

peesirgal

barnús

wutte cuftorteeɗo

guants de goma

gaŋuuji dalli

compresa higiènica

momtirer ƴiiƴam ella

compresa

kuus tiggu

sanitari químic

lootogol simik

cambra de nen
suudu sakaaɓe

despertador
pindinirgel
animal de peluix
kullel fijirde
auto de joguina
oto pijirgel
sonall
dillere
casa de nines
galle pijirgel
present
hannde

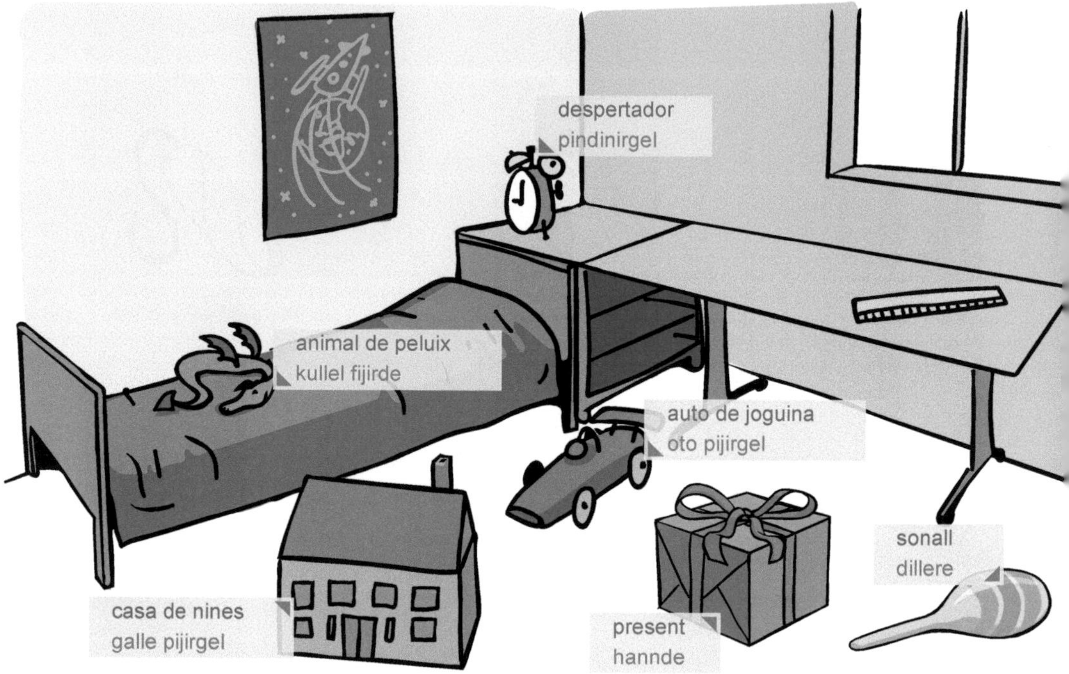

baló

sumalle dalli

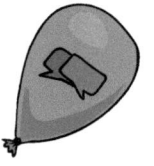

llit

leeso

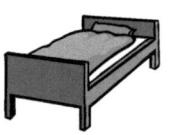

cotxet per a nens

duñirgel tiggu

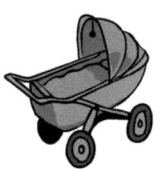

joc de cartes

nokkere karte

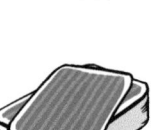

trencaclosca

fijirde lombondirgol

SUPER
MEGA

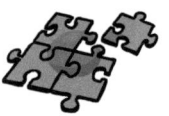

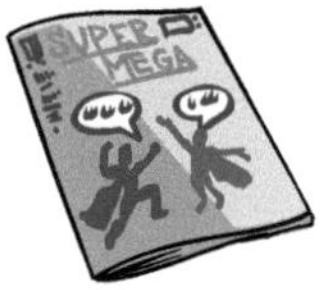

historieta

njalniika

peces de lego

pijirgel tuufeeje

peces de construcció

tuufeeje

ninot d'acció

pijirgel

granota

comcol tiggu

frisbee

palaat diwwoow

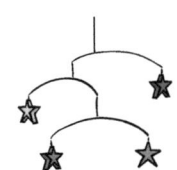

mòbil per a bressol

noddirgel

joc de taula

pijirgel

daus

dee

tren elèctric

ñemtinirgel laana ndegoowa

xumet

neɗɗo fuuunti

festa

fijirde

llibre de dibuixos

deftere nate

pilota

bal

nina

puppe

jugar

fijde

sorrera

mbalka ceenal

gronxador

beeltirgal

joguines

pijirgel

consola de jocs de vídeo

pijiteengel see widewo

tricicle

welo biifi tati

osset de peluix

pijirgel kullel urs

armari

armuwaar

roba

comcol

mitjons

kawase

mitges

kawase

mitja pantaló

tuubayon ɓittukon

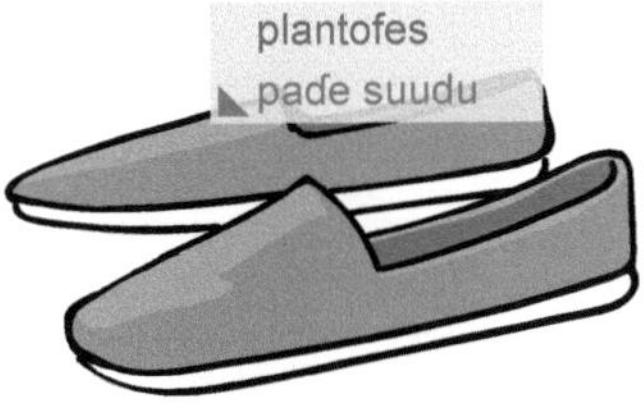

tapacoll
musuuro

paraigua
paraseewal

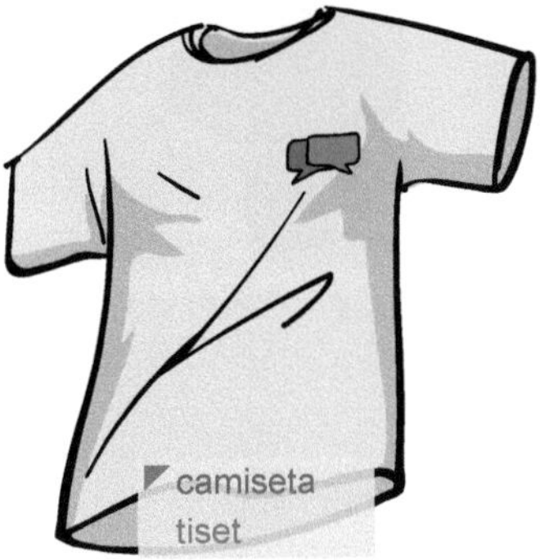

camiseta
tiset

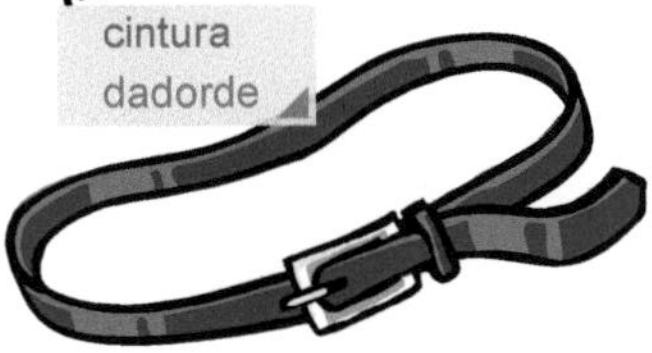

cintura
dadorde

botes
pade toowde

plantofes
pade suudu

sabates d'esport
pade bokkateede

sandàlies
....
pade diwa

sabates
....
pade

botes de goma
....
padde toowde lirotoode

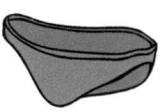

calçonets
....
cakkirdi

sostenidor
....
sucengors

guardapits
....
silet

jjustacòs

ɓanndu

pantalons

tuuba

jeans

jiin

faldeta

robbo

brusa

buluson

camisa

simis

jersei

piliweer

dessuadora

weste nebbu

blazer

layset

jaqueta

jaget

mantell

weste juudɗo

impermeable

wutte toɓo

vestit de dona

kostim

vestit de dona

robbo

vestit de núvia

robbo yange

vestit d'home
········
weste

camisa de dormir
········
wutte baalduɗo

pijama
········
pijama

sari
········
sari

mocador de cap
········
muusooro

turbant
········
kaala

burca
········
kaala

caftan
········
sabndoor

abaia
········
abbaay

vestit de bany
········
comcol lumbirogol

calçon(et)s de bany
········
cakkirɗi

pantalons curts
········
kilot

xandall
········
joogin

davantal
········
limsere deffowo

guants
········
gaɲuuji

botó

boɗɗirgel

ulleres

lone

braçalet

jawo

collaret

cakka

anell

feggere

orellera

hootonde

casquet

laafa

penjador

liggirgal weste

capell

laafa

corbata

karawat

cremallera

zip

casc

laafa ndeenka

elàstics

ganŋ

uniforme escolar

comcol duɗal

uniforme

iniform

pitet

sarbetel daande

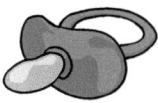

xumet

neɗɗo fuuunti

bolquer

kuus

oficina
gollirgal

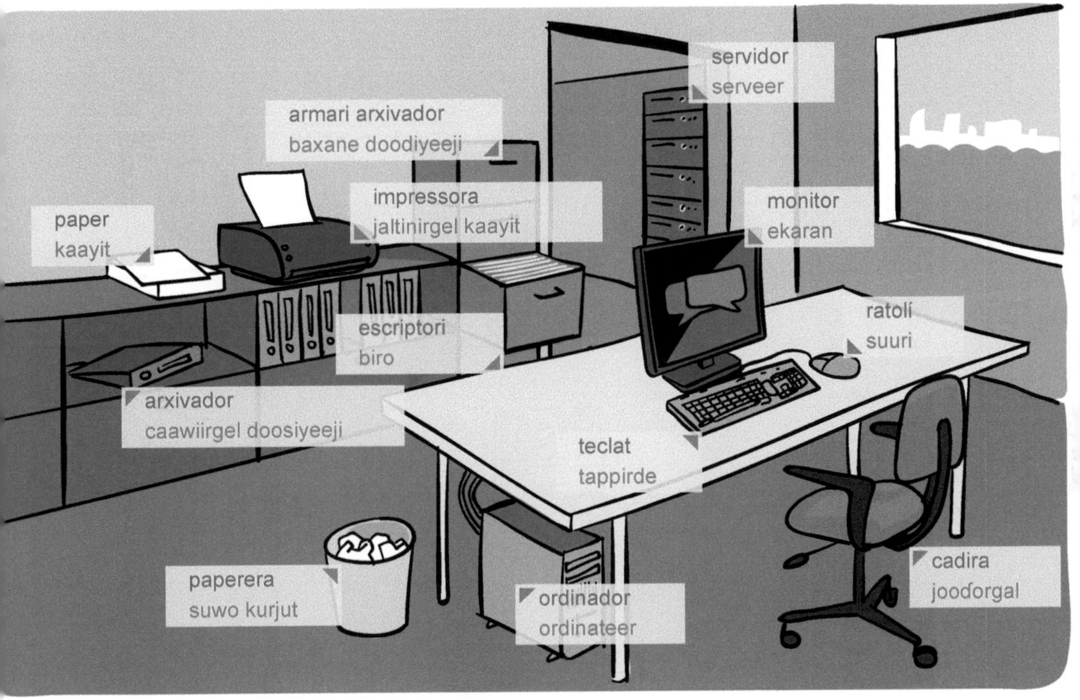

servidor
serveer

armari arxivador
baxane doodiyeeji

impressora
jaltinirgel kaayit

monitor
ekaran

paper
kaayit

escriptori
biro

ratolí
suuri

arxivador
caawiirgel doosiyeeji

teclat
tappirde

paperera
suwo kurjut

cadira
jooɗorgal

ordinador
ordinateer

tassa de cafè

kuppu kafe

calculadora

qiimorgal

Internet

enternet

ordinador portàtil

ordinateer beelnateeɗo

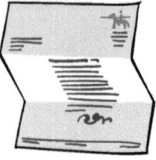

lletra

ɓataake

missatge

ɓataake

mòbil

noddirgel

xarxa

reso

fotocopiadora

cottitirgel

programari

losisiyel

telèfon

noddirgel

presa de corrent

ceɲirgel ɓoggol kuura

fax

masinŋ faks

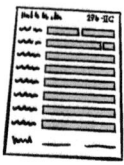

formulari

mbaadi

document

dokiman

comprar

soodde

pagar

sooɗde

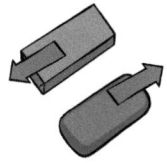

comerciar

yeyde

diners

kaalis

dòlar

dolaar

euro

eroo

ien

yen

ruble

ruubal

franc suís

faran Siwis

renminbi

yuwaan renminbi

rupia

rupii

caixa automàtica

masinŋ keestorɗo kaalis

oficina de canvi

nokku beccugol e neldugol

or

kanŋe

argent

kaalis

petroli

esaans

energia

sembe

preu

coggu

contracte

kontara

impost

taks

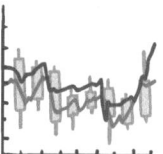

acció

marsandiss moftaaɗo

treballar

gollude

treballador

gollinteeɗo

empresari

gollinoowo

fàbrica

isin

botiga

bitik

oficis
haajuuji

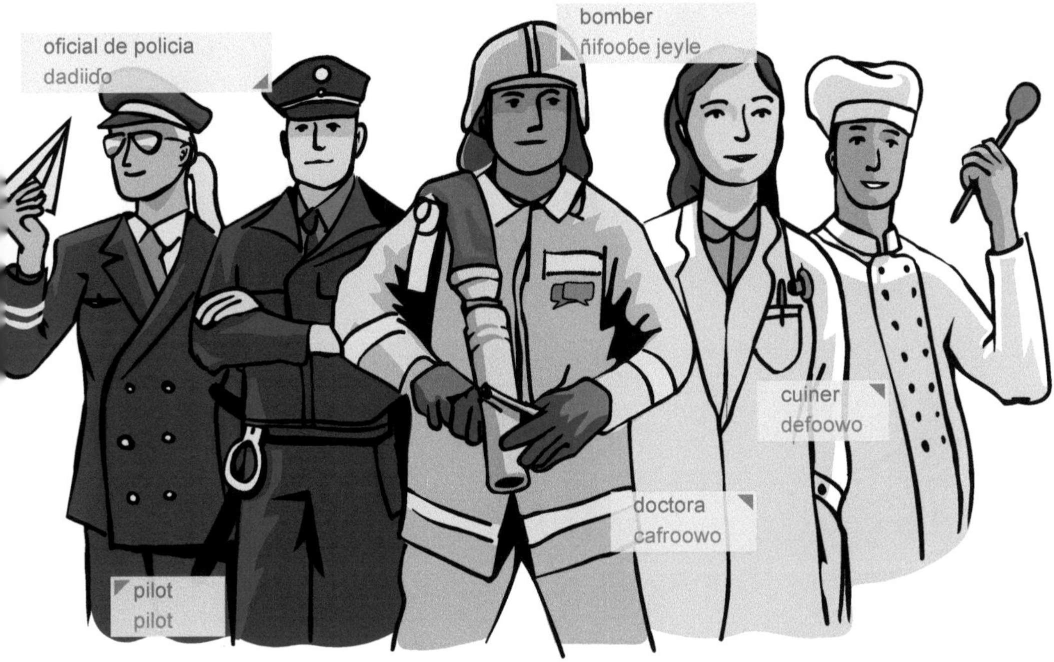
oficial de policia
dadiiɗo
bomber
ñifooɓe jeyle
cuiner
defoowo
doctora
cafroowo
pilot
pilot

jardiner

toppitiiɗo sardin

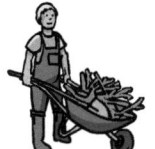

fuster

minise

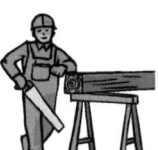

costurera

ñootoowo

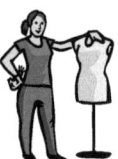

jutge

ñaawoowo

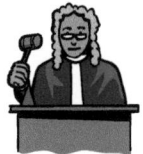

química

simist e ɗemngal farayse

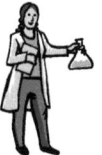

actor

aktoor

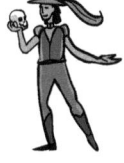

conductor d'autobús

dognoowo biis

taxista

dognoowo taksi

pescador

gawoowo

dona de la neteja

pittoowo

ensostrador

cengirɗe huɓeere

cambrer

carwoowo

caçador

daddoowo

pintor

pentiroowo

forner

piyoowo mburu

electricista

gollowo kuura

obrer de la construcció

mahoowo

enginyer

enseñeer

carnisser

jeyoowo teew keso

llanterner

polombiyer

correu

nawoowo ɓatakuuji

soldat

kooninke

arquitecte

diidoowo ɓahanteeri

caixera

kestotooɗo

florista

jeyoowo fuloraaji

perruquer

mooroowo

revisor

dognoowo

mecànic

mekanisiyenŋ

capità

kapiteen

dentista

cafroowo ƴiiƴe

científic

miijotooɗo

rabí

kellifaaɗo diine to israayel

imam

imaam

monjo

muwaan e e ɗemngal
farayse

capellà

kellifaaɗo diine heerereeɓe

eines
kuutorɗe

martell
marto
tenalles
ñoyƴirgel
descaragolador
biisrgel
llanterna
bawɗi biyeteeɗi
clau anglesa
kele

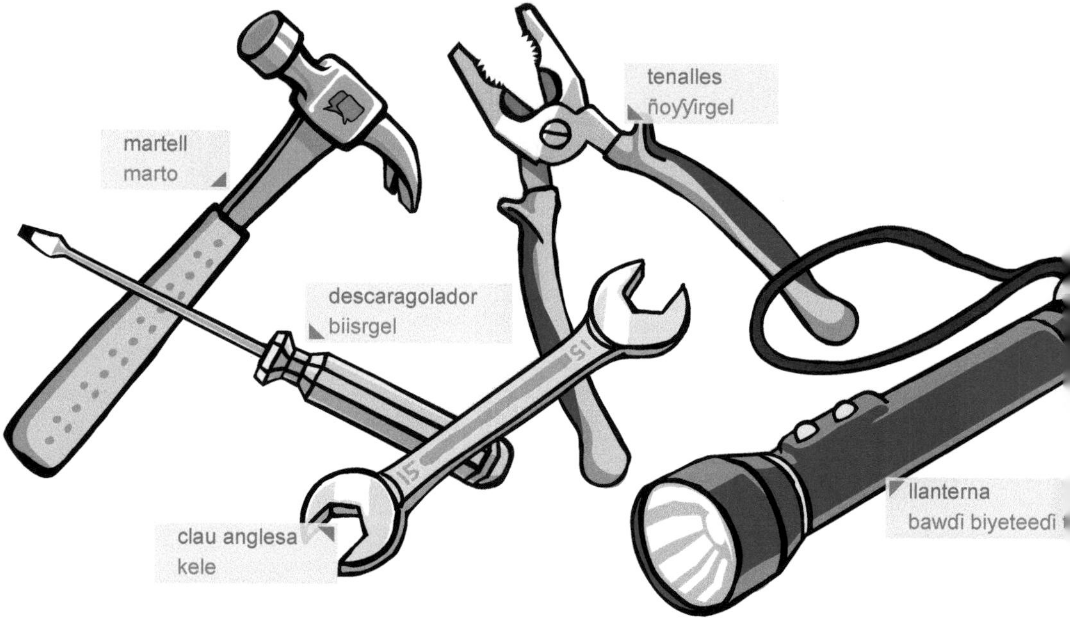

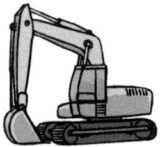

excavadora

pikku

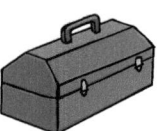

caixa d'eines

baxanel kaɓorɗe

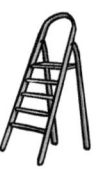

escala

ŋabbirgal

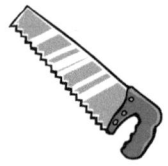

serra

tayƴirgal

claus

ƴibirɗe

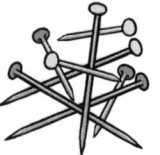

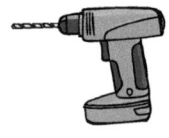

trepant

julirgal

reparar
....
fewnitde

pala
....
nokkirgel

Maleït siga!
....
Soo!

pala
....
boftirgel kurjut

pot de pintura
....
pot penttiir

caragols
....
wiisuuji

instrument de música
kongirgon misik

bateria
kongateeɗe

altaveu
nantinooji

contrabaix
duubl baas

trompeta
liital

guitarra
hoddu

piano

piayaano

violí

wiyolon

baix

baas

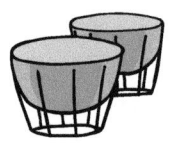

timbal

bowɗi biyeteeɗi timpani

tambor

bawɗi

teclat

tappirgal

saxofon

saksofoon

flauta

nguurdu

micròfon

mikoro

zoo

nokku kullon

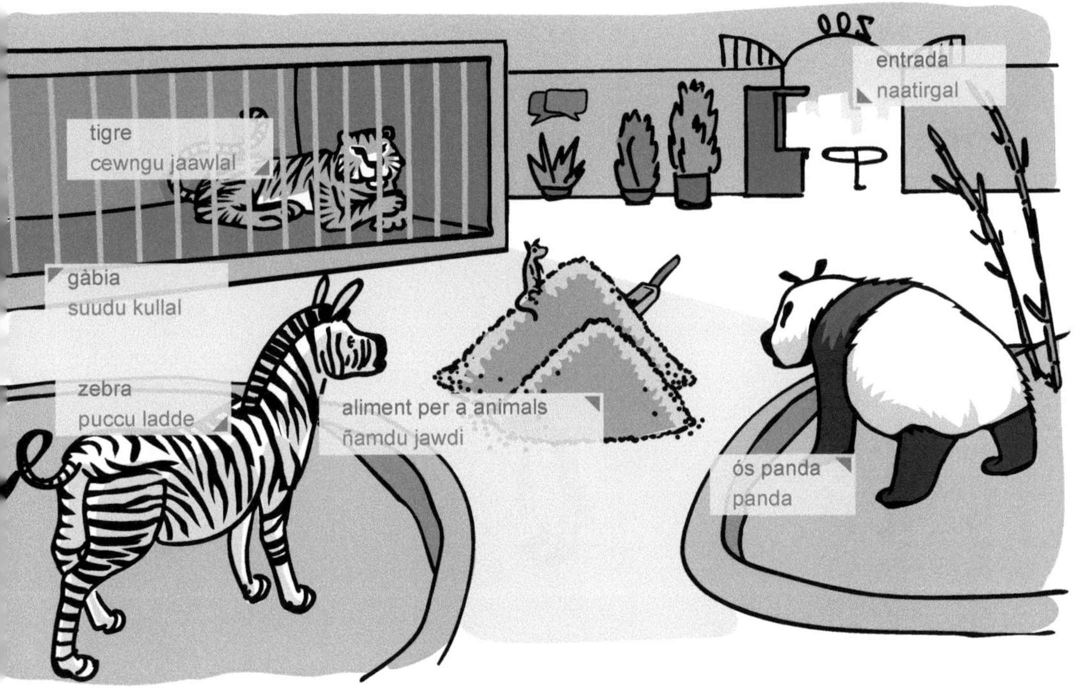

entrada
naatirgal
tigre
cewngu jaawlal
gàbia
suudu kullal
zebra
puccu ladde
aliment per a animals
ñamdu jawdi
ós panda
panda

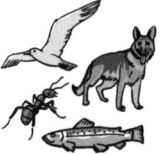

animals

kulle

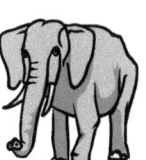

elefant

ñiiwa

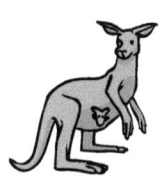

cangurú

kanguru

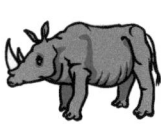

rinoceront

rinoseros

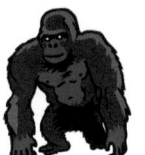

goril·la

waandu mowndu

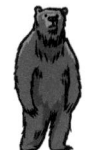

ós

urs

camell

ngelooba

estruç

sundu ɓurndu mownude

lleó

mbaroodi

simi

waandu

flamenc

ñaaral pural

papagai

seku

ós polar

urso galaas

pingüí

liingu wiyeteendu penguwe

ca mari

lingu reke

paó

ndiwri wiyeteendu pawon

serp

laadoori

cocodril

nooro

guardià del zoo

deenoowo zoo

foca

togoori ndiyam wiyeteendu
fok e farayse

jaguar

cewngu

poni
molu

lleopard
cewngu

hipopòtam
ngabu

girafa
njabala

àliga
ciilal

senglar
mbabba tugal

peix
liingu

tortuga
heende

morsa
kullal biyeteengal morse

guineu
renaar

gasela
lella

futbol americà
Fuggukoyngel Amerknaaɓe

ciclisme
dognugol welo

tenis
tenis

bàsquet
beysbol

natació
lumbagol

boxa
boks

hoquei sobre gel
fuggukoyngel e galaas

futbol americà	bàdminton	atletisme
Fuggukoyngel	badminton	atelettuuji
handbol	esquí	polo
hanbol	fijirɗe deggol e nees	polo

riure
jalde

saltar
diwde

abraçar
buucaade

anar
yaade

cantar
yimde

somiar
hoyditaade

pregar
juulde

fer un petó
buucaade

escriure
windude

dibuixar
siifde

mostrar
hollude

pitjar
duñde

donar
rokkude

prendre
yettude

tenir

deñde

fer

waɗde

ésser

wonde

estar dret

ummaade

córrer

dogde

estirar

fooɗde

llançar

weddaade

caure

yande

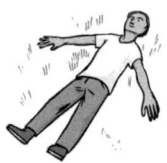

jeure

fende

esperar

sabbaade

portar

roondaade

asseure's

jooɗaade

vestir-se

ɓoornaade

dormir

ɗaanaade

despertar-se

finde

mirar

ẏeewde

plorar

woyde

amoixar

helde

pentinar

yeesaade

parlar

haalde

comprendre

faamde

demanar

naamnaade

escoltar

heɗaade

beure

yarde

menjar

ñaamde

endreçar

hawrinde

estimar

yiɗde

cuinar

defde

conduir

dognude

volar

diwde

navegar

awyůde

calcular

qimaade

llegir

jangude

aprendre

jangude

treballar

gollude

casar-se

resde

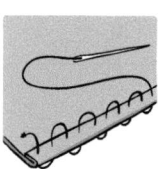

cosir

ñootde

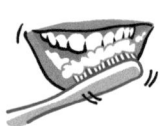

raspallar-se les dents

soccaade ɣiiɣe

matar

warde

fumar

simmaade

enviar

neldude

família

ɓesngu

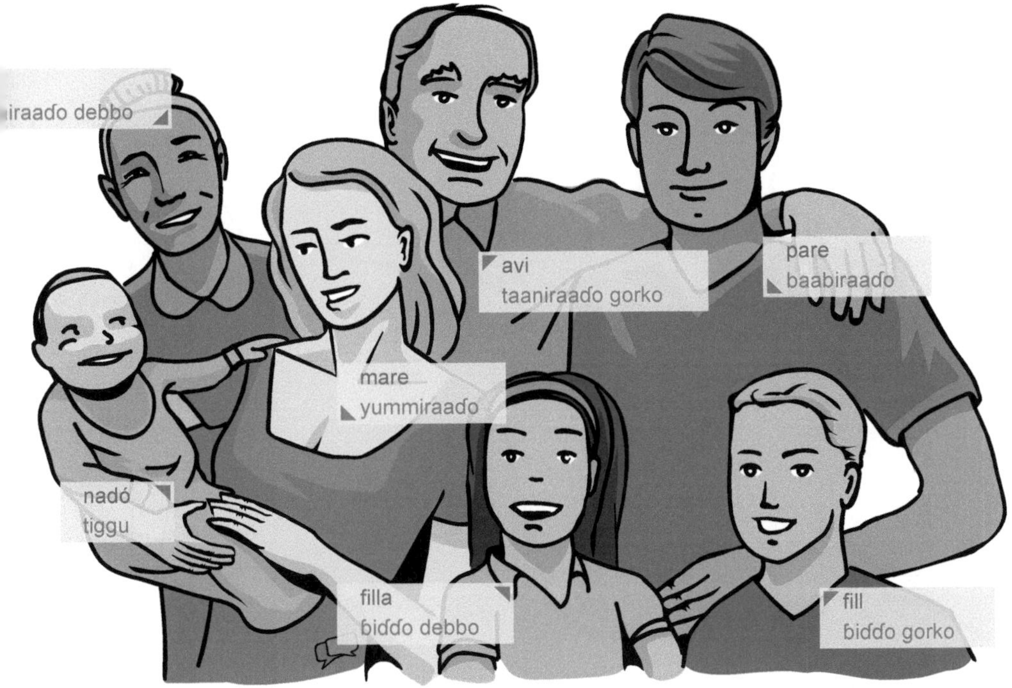
iraaɗo debbo
avi
taaniraaɗo gorko
pare
baabiraaɗo
mare
yummiraaɗo
nadó
tiggu
filla
ɓiɗɗo debbo
fill
ɓiɗɗo gorko

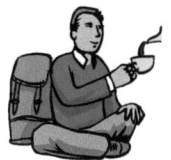

convidat

koɗo

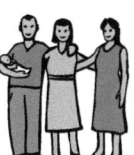

tia

goggiraaɗo

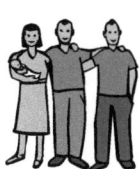

oncle

kaawiraaɗo

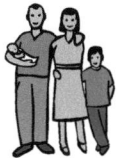

germà

mowniraaɗo gorko

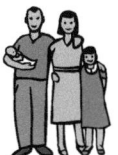

germana

mowniraaɗo debbo

cos

ɓandu

front
tiinde
ull
yiitere
espatlla
walabo
dit
feɗendu
cara
yeeso
barbeta
waare
mà
jungo
cama
koyngal
pit
endu
braç
jungo

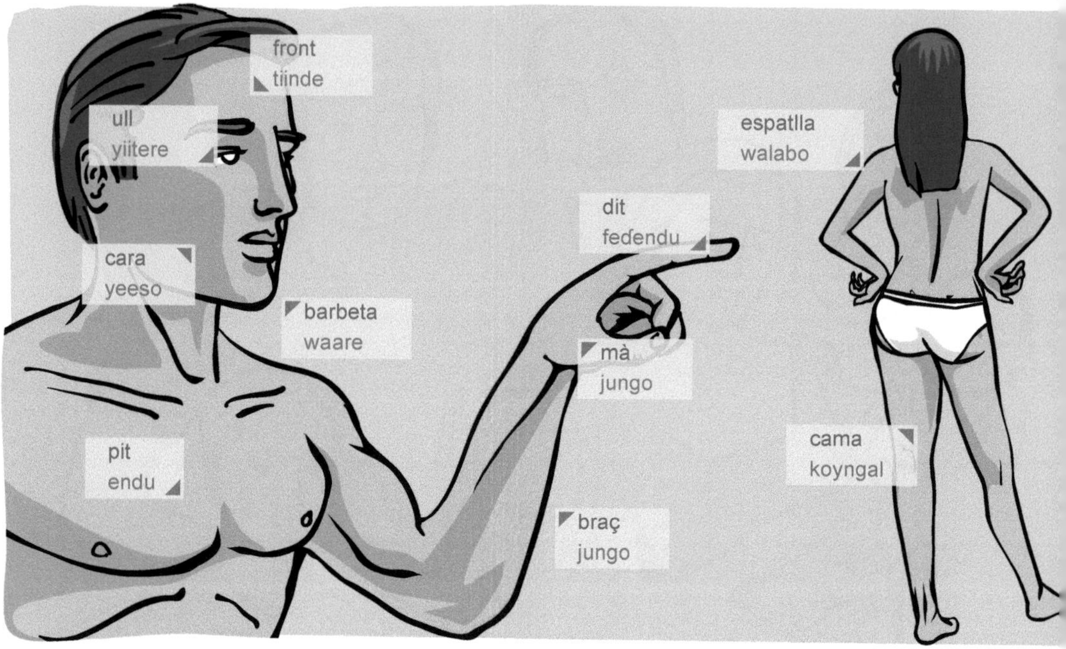

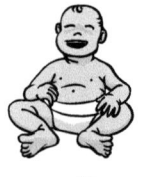

nadó

tiggu

home

gorko

dona

debbo

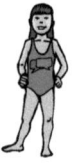

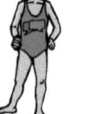

noia

deftere kongoli

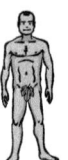

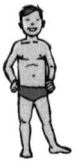

noi

suka gorko

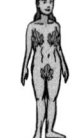

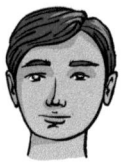

cap

hoore

esquena

keeci

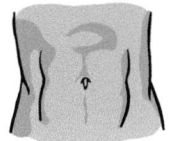

panxa

reedu

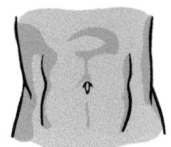

melic

wuddu

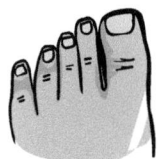

dit gros del peu

feɗendu koyngal

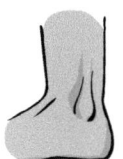

taló

jaɓɓorgal

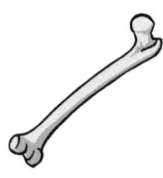

os

ŷiyal

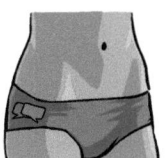

maluc

rotere

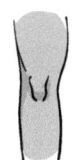

genoll

hofru

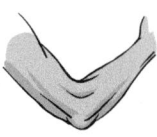

colze

salndu junngu

nas

hinere

cul

dote

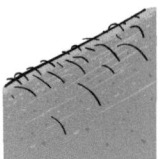

pell

nguru

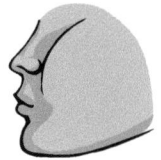

galta

aɓɓulo

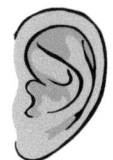

orella

nofru

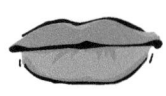

llavi

tonndu

boca

hunuko

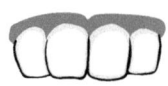

dent

ñiire

llengua

ɗemngal

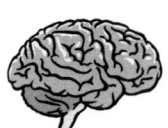

cervell

ngaandi

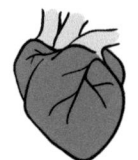

cor

ɓernde

múscul

ƴiyal

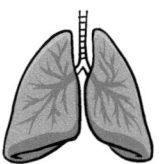

pulmó

wecco

fetge

heeñere

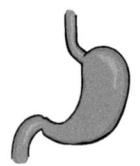

estómac

estoma

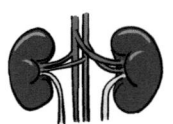

ronyó

tekteki mawni

relació sexual

terɗe

preservatiu

laafa ndeenka

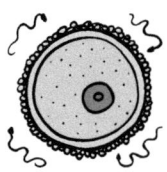

ovari

ɓoccoonde maniya

semen

maniya

prenyat

reedu

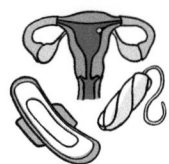

menstruació

ýiiýam ella

vagina

farja

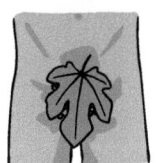

penis

kaake

cella

leeɓi dow yiitere

cabells

sukunndu

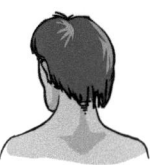

coll

daande

hospital
suudu safirdu

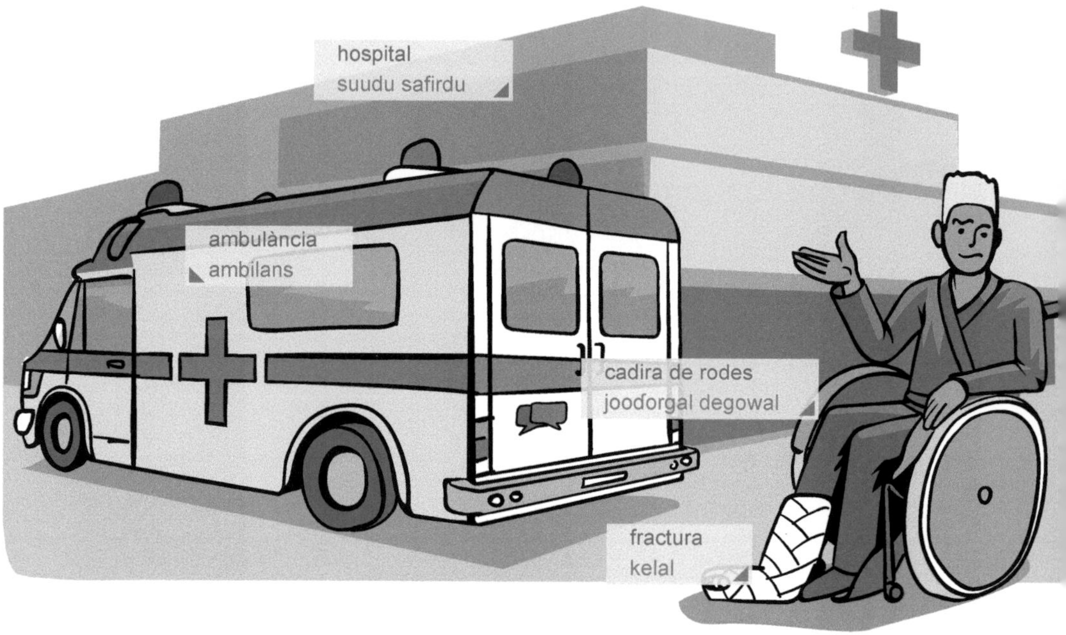

hospital
suudu safirdu
ambulància
ambilans
cadira de rodes
jooɗorgal degowal
fractura
kelal

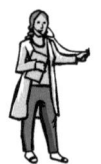

doctora
cafroowo

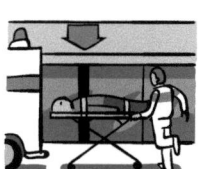

sala d'urgències
suudo irsaans

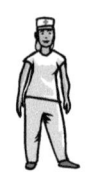

infermera
cafroowo

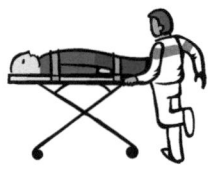

urgència
irsaans

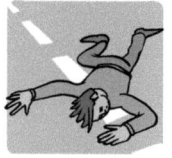

inconscient
paɗɗiiɗo

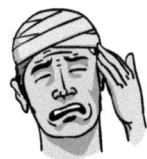

dolor
muuseeki

ferida

gaañande

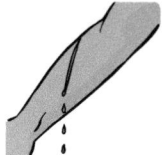

sagnament

tuyƴude

atac de cor

ɓernde dartiinde

apoplexia

darogol ɓernde

al·lèrgia

alersi

tos

ɗojjugol

febre

nguleeki ɓandu

gripa

maɓɓo

diarrea

reedu dogooru

mal de cap

muuseeki hoore

càncer

kanser

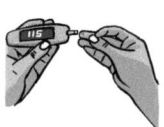

diabetis

jabet

cirurgià

operasiyon

escalpel

ceekirgel

operació

operasiyon

tomografia computada (TC), TAC
CT

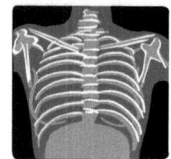

raigs x
reyon-x

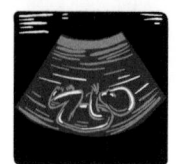

ultrasò
iltarason

mascareta
mask yeeso

malaltia
ñaw

sala d'espera
suudu sabbordu

crossa
sawru tuggorgal

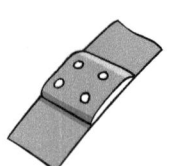

tireta
palatar

embenat
bandaas

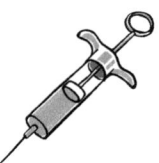

injecció
pikkitagol

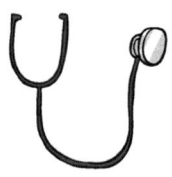

estetoscopi
keɗirgel dille ɓandu

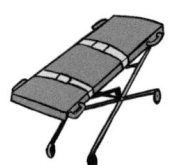

llitera
balankaaru

termòmetre clínic
ɓetirgel nguleeki ɓanndu

pariment
jibinegol

sobrepès
ɓandu ɓurtundu

aparell auditiu

ɓallotirgel nonooje

desinfectant

desefektan

infecció

infeksiyon

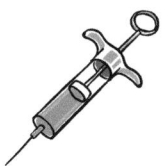

virus

viris

VIH / SIDA

HIV / SIDA

medicina

safaara

vaccí

ñakko

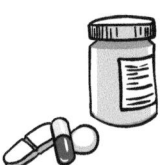

comprimits

tabletuuji

píl·lola

foɗɗere

trucada d'urgència

noddaango heñoraango

tensiòmetre

ɓetirgel dogdu ƴiiƴam

malalt / sà

sellaani / salli

Socors!
Paaboɗe!

alarma
tintinirgel

assalt
jangol

atac
yande e

perill
musiiba

sortida-eixida d'urgència
damal dandirgal

Foc!
Paaboɗe!

extintor
ñifirgel jeynge

accident
aksida

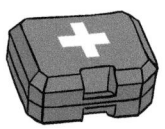

farmaciola de primers
auxilis
geɗe cafrorɗe gadane

SOS
BALLAL

policia
Polis

Europa

Erop

Amèrica del Nord

Amerik to Rewo

Amèrica del Sud

Amerik to Worgo

Àfrica

Afiriki

Àsia

Asi

Austràlia

Ostarali

Atlàntic

Atalantik

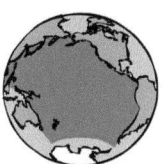

Pacífic

Pasifik

Oceà Índic

Oseyan Enje

Oceà Antàrtic

Oseyan Antarktik

Oceà Àrtic

Osean Arkatik

pol nord

Bange Rewo

pol sud

Bange Worgo

Antàrtida

Antarktik

terra

Leydi

país

leydi

mar

maayo mawngo

illa

wuro nder ndiyam

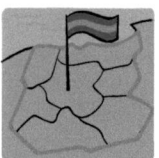

nació

leydi

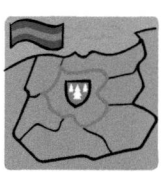

estat

jamaanu

quadrant

yeeso montoor

agulla de les hores

misalel waqtu

agulla dels minuts

misalel hojomaaji

agulla dels segons

misalel majanđe

Quina hora és?

Hol waqtu jonđo?

dia

ñalawma

temps

saha

ara

jooni

rellotge digital

montoor disitaal

minut

hojom

hora

waqtu

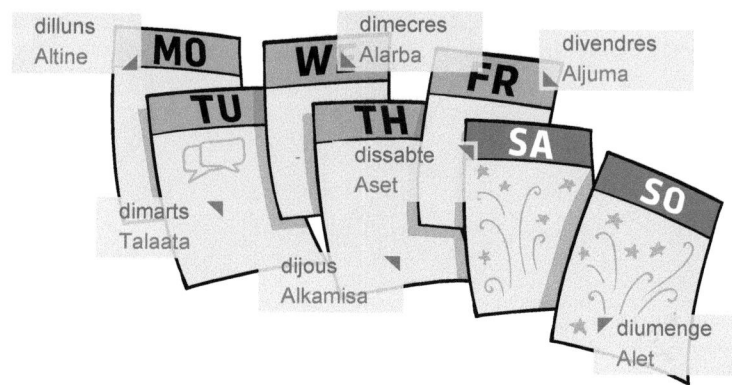

dilluns
Altine

dimecres
Alarba

divendres
Aljuma

dimarts
Talaata

dissabte
Aset

dijous
Alkamisa

diumenge
Alet

ahir
hanki

avui
hande

demà
jango

matí
subaka

migdia
beetawe

tarda
kikiiɗe

dia feiner
ñalawmaaji golle

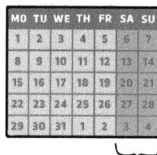

cap de setmana
ñalamaaji fooftere

any
hitaande

pluja
toɓo
arc de Sant Martí
timtimol
vent
hendu
neu
nees
primavera
caggal dabbunde
estiu
ndungu
tardor
dabbunde
hivern
dabbunde

4.APRIL 11°
5.APRIL 4°
6.APRIL 13°
7.APRIL 8°
8.APRIL 10°

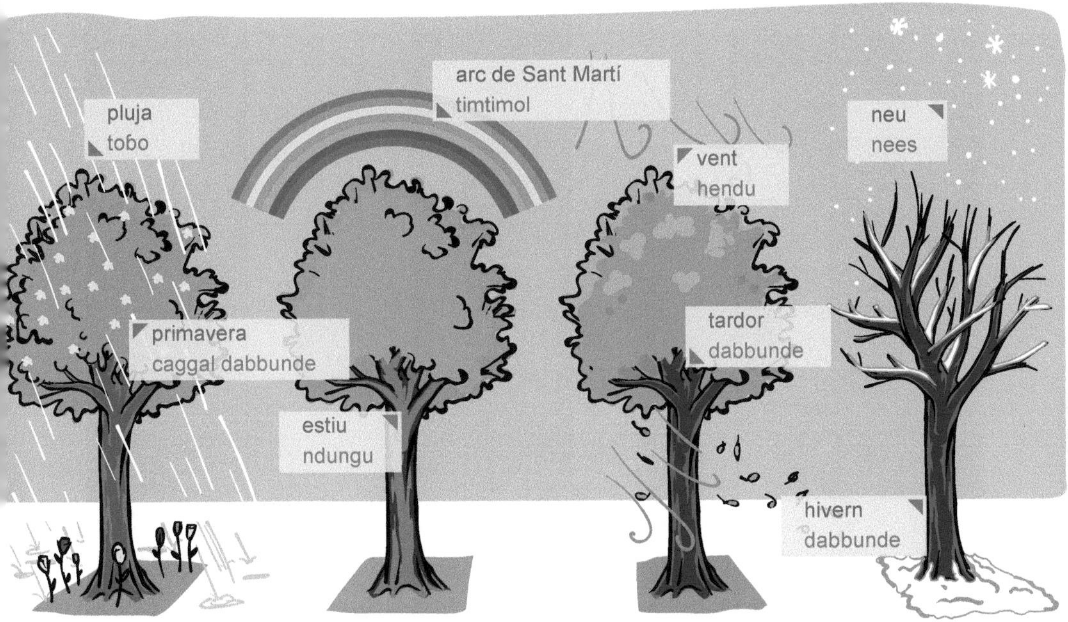

pronòstic del temps

kabrugol geɗe weeyo

F C
120 90 60 30 0 -30
40 30 20 10 0 -10 -20

termòmetre

ɓetirgal nguleeki

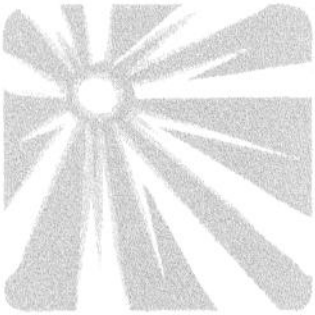

llum del sol

nguleeki naange

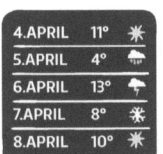

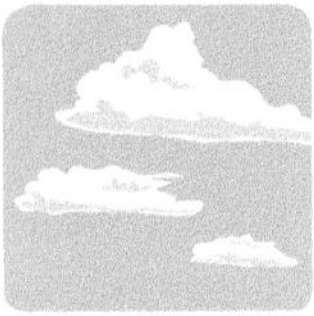

núvol

duulal

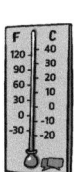

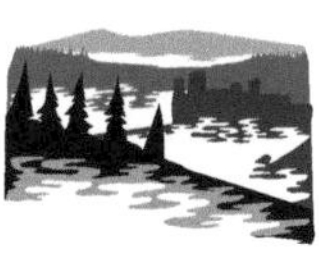

boira

niɓɓere niwri

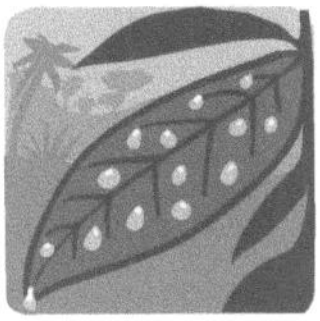

humiditat de l'aire

ɓuuɓol

llamp	tro	tempesta
majaango	gidango	hendu yaduungo e gidaali
	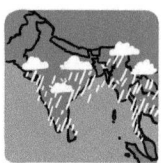	
calamarsa	monsó	inundació
toɓo mawngo	keneeli mawɗi	toɓo yooloongo
	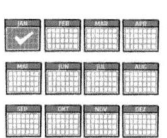	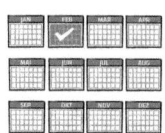
gel	gener	febrer
galaas	Janwiye	Feeviriye

març	abril	maig
Mars	Awril	Me

juny	juliol	agost
Suwe	Suliye	Ut

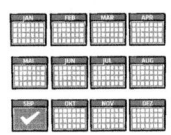

setembre
....
Setanbar

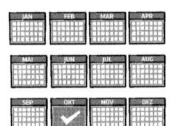

octubre
....
Oktobar

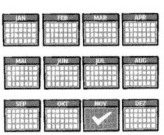

novembre
....
Noowambar

desembre
....
Desambar

cercle
....
taariɗum

quadrat
....
bangeeji potɗi

rectangle
....
rektangal

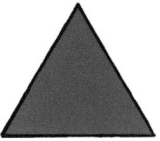

triangle
....
tiriyangal

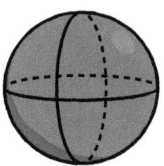

esfera
....
esfeer

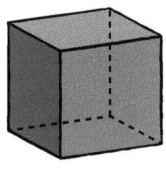

cub
....
kib

blanc

deneejo

groc

puro

taronja

oraas

rosa

roos

vermell

boɗeejo

lila

yolet

blau

bulaajo

verd

werte

marró

baka

gris

giri

negre

ɓaleejo

molt / poc

heewi / famɗi

emprenyat / tranquil

mittinɗo / deeyɗo

bonic / lleig

yooɗi / soofi

començament / fi

fuɗɗorde / gasirde

gran / petit

mawni / famɗi

clar / fosc

leeri / ɗibbiɗi

germà / germana

mawniraaɗo gorko / debbo

net / brut

laaɓi / tulmi

complet / incomplet

timmi / manki

dia / nit

ñalawma / jamma

mort / viu

mayi / wuuri

ample / estret

yaaji / ɓitti

comestible / immenjable

ñaame / ñaametaake

dolent / amable

bonɗum / moyƴi

entusiasmat / entediat

weelti / deeyĩ

gros / prim

butto / cewɗo

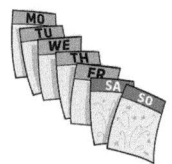

primer / darrer

gadiiɗo / cakkitiiɗo

amic / enemic

sehil / gaño

ple / buit

heewi / bolɗi

dur / tou

tiiɗi / hoyi

pesant / lleuger

teddi / hoyi

gana / set

heege / ɗomka

malalt / sà

sellaani / salli

il·legal / legal

dagaaki / dagi

intel·ligent / ximple

yoyĩ / yiyaani

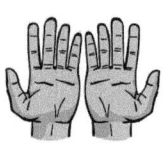

esquerra / dreta

ñaamo / nano

prop / llunyà

badi / woɗɗi

nou / usat

keso / kiiɗɗo

res / quelcom

haydara / huunde

vell / jove

nayeeji / suka

encès / apagat

ne heen / ala heen

obert / tancat

udditi / uddi

silenciós / sorollós

deeyi / dilla

ric / pobre

galo / baasɗo

correcte / incorrecte

feewi / feewaani

aspre / suau

tekki / ɗaati

trist / content

suni / weelti

curt / llarg

daɓɓo / jutɗo

lent / ràpid

leeli / yaawi

humit / sec - eixut

leppi / yoori

calent / fred

wuli / ɓuuɓi

guerra / pau

hare / jam

0

zero

meere

1

u

goo

2

dos

ɗiɗi

3

tres

tati

4

quatre

nay

5

cinc

joy

6

sis

jeegom

7

set

seeɗiɗi

8

vuit

jeetati

9

nou

jeenay

10

deu

sappo

11

onze

sappo e goo

12
dotze
sappo e diɗi

13
tretze
sppo e tati

14
catorze
sappo e nay

15
quinze
sappo e joy

16
setze
sappo e jeegom

17
disset
sappo e jeeɗiɗi

18
divuit
sappo e jeetati

19
dinou
sappo e jeenay

20
vint
noogas

100
cent
teemedere

1.000
mil
ujunere

1.000.000
milió
miliyonŋ

anglès

Angale

anglès americà

Angale Amerik

xinès mandarí

Mandare Siin

hindi

Indo

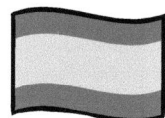

espanyol

Español

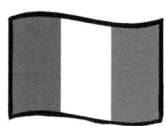

francès

Farayse

àrab

Arab

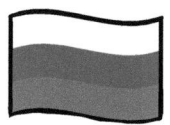

rus

Riis

portuguès

Portige

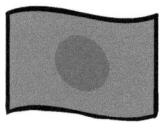

bengalí

Bengali

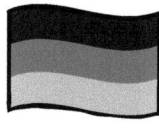

alemany

Alma

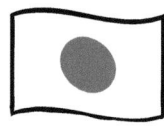

japonès

Sappone

jo

miin

tu

ann

ell / ella / allò

kanŋko / kanŋko / kañum

nosaltres

minen

vosaltres

onon

ells

kamɓe

qui?

holi oon?

què?

hol ɗum?

com?

hol no?

on?

hol toon?

quan?

mande?

nom

innde

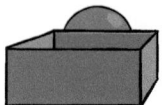

darrere

caggal

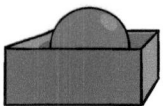

en

nder

davant de

yeeso

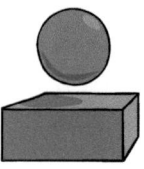

damunt

hedde

sobre

dow

sota

les

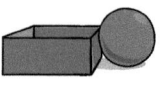

al costat

sara

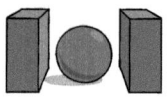

entre

hakkunde

lloc

nokku